Stefan Hassmann

Online Service Marktplätze - Definitonen, Erstellung eines
lung von Gestaltungsmöglichkeiten

GRIN - Verlag für akademische Texte

Der GRIN Verlag mit Sitz in München hat sich seit der Gründung im Jahr 1998 auf die
Veröffentlichung akademischer Texte spezialisiert.

Die Verlagswebseite www.grin.com ist für Studenten, Hochschullehrer und andere Akade-
miker die ideale Plattform, ihre Fachtexte, Studienarbeiten, Abschlussarbeiten oder Disser-
tationen einem breiten Publikum zu präsentieren.

Dokument Nr. V47327 aus dem GRIN Verlagsprogramm

Stefan Hassmann

Online Service Marktplätze - Definitonen, Erstellung eines Marktplatzmodells und Darstellung von Gestaltungsmöglichkeiten

GRIN Verlag

Bibliografische Information der Deutschen Nationalbibliothek: Die Deutsche Bibliothek
verzeichnet diese Publikation in der Deutschen Nationalbibliografie; detaillierte bibliografische Daten sind im Internet über http://dnb.d-nb.de/ abrufbar.

1. Auflage 2005
Copyright © 2005 GRIN Verlag
http://www.grin.com/
Druck und Bindung: Books on Demand GmbH, Norderstedt Germany
ISBN 978-3-638-67722-6

**Wirtschaftsinformatik
der Produktionsunternehmen**

Online Service Marktplätze

Seminararbeit

Vorgelegt dem Fachbereich Wirtschaftswissenschaften
der Universität Duisburg-Essen, Campus Essen

Abgegeben am: 22. Juni 2005
Sommersemester 2005, 8. Studiensemester
Voraussichtlicher Studienabschluss: Sommersemester 2006

I. Inhaltsverzeichnis

II. Abbildungsverzeichnis

III. Abkürzungsverzeichnis

B2B.....................Business – to – Business

B2C.....................Business – to – Consumer

bzw.....................beziehungsweise

C2C.....................Consumer – to – Consumer

d.h.....................das heißt

EM.....................elektronischer Marktplatz

E-Services.............electronic Services

etc.....................et cetera

i. d. R.................in der Regel

i. e. S.................im engeren Sinn

SCM.....................Supply Chain Management

VB.....................Verhandlungsbasis

z.B.....................zum Beispiel

Exposé

In den letzten zehn Jahren haben Internettechnologien für Unternehmen mehr und mehr an Bedeutung gewonnen. In den Jahren 1998 bis 2000 entwickelte sich dann im Bereich E-Business ein regelrechter Boom. Man war davon überzeugt vor einer technischen Revolution zu stehen, deren Ende nicht absehbar war, und die die Art des Handels gründlich verändern sollte. Mit dem Zusammenbruch der „New Economy" (vgl. [wikipedia]) machte sich Ernüchterung breit. Auch viele online Marktplätze verschwanden aufgrund von Misserfolg vom Markt (vgl. [Rätz], S. 1). Überlebt haben nur diejenigen Marktplätze, die einen echten Kundennutzen darstellen. Nichtsdestotrotz wird der B2B Handel im Internet, also der Handel zwischen Unternehmen, weiterhin als „zukunftsträchtiges Geschäftsfeld" (vgl. [Voigt], S.1) angesehen. Eine Möglichkeit zur Realisierung eines solchen Handels im Internet stellen virtuelle B2B Marktplätze dar. Diese Form des Zusammentreffens von Anbietern und Nachfragern hat sich im Internet vielerorts durchgesetzt. Dabei stellt der Betreiber der Marktplatzplattform, in Form einer Webseite die technischen Rahmenbedingungen zur Verfügung, damit eine Transaktion zwischen Käufer und Verkäufer vollzogen werden kann. Üblicherweise werden auf solchen Marktplätzen Sachgüter gehandelt. Dies sind materielle Produkte, die zumeist einfach beschrieben werden können, so dass sich der potenzielle Käufer ein (relativ) objektives Bild von der Ware machen kann. Im Falle des Einkaufes von gewissen Rohstoffen, wie z.B. Rohöl, ist eine Begutachtung des Käufers vor Ort noch weniger zwingend. Hier stellt das Internet als Handelsmedium keinen Nachteil zum „Offline"- Kauf dar.

Einen wichtigen Bereich im B2B Handel verkörpern jedoch nicht nur Sachgüter. Wie die Entwicklung der drei Branchentypen Landwirtschaft, Produktion und Dienstleistung zeigt, verzeichnet die Branche Dienstleistung im Vergleich zu den traditionellen Branchen einen stetigen Aufwärtstrend (vgl. [Corsten1], S.3, Abb.). Der Handel mit Dienstleistungen (engl. services) ist heute ebenso selbstverständlich wie der Handel mit Sachgütern. Im Vergleich zu Sachgütern, deren Handel sich im Internet bereits durchgesetzt hat, ergeben sich bei Dienstleistungen aber einige Besonderheiten. Sie sind immateriell und nicht lagerfähig. Der Prozess einer Dienstleistung spiegelt immaterielle Elemente wie die „Veränderung von Personen, Sachen oder Aktivitäten"(vgl. [Hummel], S.55) wieder. Eine Übertragung von Eigentum findet also nicht statt. Zudem

vollzieht sich die Erbringung der Dienstleistung gleichzeitig mit dessen Nutzung. Dies wird in der Literatur oft als „Uno – Acto - Prinzip" beschrieben (vgl. [Bruhn], S.16). Einen weiteren Unterschied zu Sachgütern stellt der so genannte „externe Faktor" dar. Hierbei handelt es sich um Faktoren, die vom Nachfrager der Dienstleistung bereitgestellt werden (vgl. [Kleinalt], S.38). Dies kann auch die Person des Nachfragers selbst sein. Im Falle des Beispiels einer Logistikdienstleistung wären dies die Güter, die der Nachfrager verschicken möchte. Zudem kann man auch Informationen dazu zählen, hier z.b. die Information über den Zielort der Güter. Das heißt der Nachfrager ist immer wesentlich an der Qualität der Dienstleistung beteiligt. In diesem Zusammenhang spricht man auch von „Ko - Produktion". Ein weiteres Merkmal von Dienstleistungen ist, dass man sie erst dann hinsichtlich ihrer Qualität beurteilen kann, wenn sie erbracht worden sind (vgl. [Maleri], S.XX). Laut ([Corsten2], S. 85) ergeben sich aus diesen Punkten, vor allem aus der Tatsache der Immaterialität, zwei mögliche Probleme für den Nachfrager: Zum einen kann es sein, dass ein potenzieller Dienstleistungsnehmer sich eines eigenen Bedarfs einer Dienstleistung nicht bewusst ist. In diesem Fall tritt dieser nicht aktiv als Nachfrager in Erscheinung, sondern der Anbieter muss den ersten Schritt machen. Andererseits ist es auch möglich, dass der Nachfrager sich seines Bedarfs zwar bewusst ist, jedoch Schwierigkeiten hat, einen passenden Anbieter der Leistung zu identifizieren. Online Service Marktplätze haben das Potenzial, diese zwei Probleme zu lösen. Sie stellen eine Plattform dar, auf der sich Anbieter und Nachfrager für bestimmte Dienstleistungen finden können. Jedoch entsteht ein neues Problem:

In der realen Welt beurteilt ein (potenzieller) Dienstleistungsnehmer die Dienstleistungen, die angeboten werden, mit Hilfe von Erfahrungen und subjektiven Eindrücken, die er von dem Anbieter im (meist) persönlichen Kontakt erhält. Z.B. würde ein Produzent von Porzellan- waren die Spedition, die er zum Versand der Güter verwendet, gründlich prüfen um sich von der Seriosität des Logistikdienstleisters zu überzeugen. Hier spielt Vertrauen also eine große Rolle (vgl. [marke - x]). Im Gegensatz zur realen Welt wird Vertrauen im Internet auf eine andere Art und Weise vermittelt, weil der persönliche (face – to - face) Kontakt von Anbieter und Nachfrager fehlt. Es besteht also die Herausforderung, Mittel zu finden um diese beim Nachfrager mögliche Unsicherheit bei der Kaufentscheidung abzuschwächen. Gleichzeitig sollten auch die Chancen, die das Medium Internet bietet (vgl. [Kollman1], Folie 14),

bestmöglich mit Hilfe des Konzeptes eines Online Service Marktplatzes umgesetzt werden.

In dieser Arbeit soll nun ein Modell eines Online Service Marktplatzes entwickelt werden, das die oben genannten Eigenschaften von Dienstleistungen und die Frage des Vertrauens berücksichtigt, um das Erfolgspotenzial eines solchen Portals zu erhöhen. Dabei sollen auch anhand existierender Lösungen im Internet Möglichkeiten für eine optimale Gestaltung eines Online Service Marktplatzes aufgezeigt und beurteilt werden.

1 Virtuelle B2B Marktplätze

1.1 Definitorische Einordnung, Einführung und Motivation

*„ Unter dem Begriff des „virtuellen Marktplatzes" wird ein konkreter,
nicht – realer Ort der Zusammenkunft von nur über vernetzte
elektronische Datenleitungen miteinander verbundenen Anbietern und
Nachfragern zum Zwecke der Durchführung von wirtschaftlichen
Transaktionen verstanden, wobei diese von realen Restriktionen
losgelöste Durchführung indirekt und unter Hinzunahme einer
übergeordneten Instanz (Marktplatzbetreiber) vollzogen wird, die die
Transaktionsanfragen aktiv koordiniert(vgl. [Kollman3], S. 39)."*

Im Gegensatz zu realen Marktplätzen, z.B. Messen oder Wochenmärkte, werden
Anbieter und Nachfrager von Produkten[1] nicht an einem realen Ort zusammengeführt,
sondern im Internet.

Dabei stellt der Betreiber des elektronischen Marktplatzes[2] mit Hilfe von Informations-
und Kommunikationstechnik eine Plattform bereit, auf der Transaktionen zum Handel
durchgeführt werden können (vgl. [Esswein] Kapitel 2.2). Realisiert wird ein solcher
elektronischer Marktplatz als Webseite im Internet, auf der Anbieter die Möglichkeit
haben, ihre Produkte grafisch anschaulich zu präsentieren. Folglich können Nachfrager
diese auf einfache Weise suchen und mit anderen Angeboten vergleichen. Diese Punkte
lassen bereites erahnen, dass der Handel über virtuelle Marktplätze für ihre Nutzer
zahlreiche Vorteile mit sich bringt. Ein zentraler Punkt dabei stellt die Ubiquität dar
(vgl. [Kollman4] S.127). Hiermit wird ausgedrückt, dass räumliche Distanz keine Rolle
spielt, d.h. der Aufenthaltsort von Marktplatz, Anbieter und Nachfrager ist irrelevant für
die Abwicklung eines Geschäftes. Zudem müssen sich die Beteiligten nicht zu einer
bestimmten Zeit „treffen", denn die Informationstechnik ermöglicht eine dauerhafte
Speicherung von Angeboten bzw. Käuferanfragen. Der elektronische Marktplatz ist
rund um die Uhr verfügbar und blitzschnell erreichbar (vgl. [Rätz], S. 35). Durch das
gezielte Aufbereiten der Informationen über die Produkte schafft der Marktplatzbetreiber einen dreifachen Kundennutzen. Der Kunde kann sich einen *Überblick* über
die Produkte des Marktplatzes verschaffen indem die Angebote strukturiert dargestellt

---

[1] Der Begriff „Produkt" wird in dieser Arbeit als Oberbegriff für Sachgüter und
Dienstleistungen verwendet.

[2] Die Begriffe „elektronischer Marktplatz" (EM), „online Marktplatz" und „virtueller Marktplatz"
werden synonym verwendet.

werden. So hat der Kunde durch den virtuellen Marktplatz die Möglichkeit eine große Menge von Angeboten zu vergleichen. Des Weiteren unterstützt eine *Auswahlfunktion* die Selektion von Angeboten, die den Vorstellungen des Nachfragers entsprechen. Das Finden von relevanten Angeboten ist somit deutlich einfacher als auf traditionellen, realen Marktplätzen. Schließlich erfüllen elektronische Marktplätze auch die *Vermittlung* von Anbietern und Nachfragern sowie die *Abwicklung* des Geschäftes. Der Marktplatzbetreiber kann somit einen echten Kundennutzen erzeugen, der für Anbieter und Nachfrager des Marktplatzes relevant ist (vgl. [Kollman2] S. 68). Folglich erfüllt der Marktplatzbetreiber einen Wert für den Kunden, der in dieser Form nur durch die Möglichkeiten des Internet erzeugt werden kann. Diese Merkmale von elektronischen Marktplätzen überkompensieren grundsätzlich den Nachteil der nur indirekten persönlichen Kommunikation der Handelspartner: „Informationsasymmetrien werden verringert; ganz verschwinden sie aber nicht (vgl. [Rätz], S. 37)."

1.2 Typisierung

1.2.1 Typisierung nach Art der Teilnehmer

Eine Typisierung von EM kann auf verschiedene Arten erfolgen. So können Marktplätze nach ihren Teilnehmern unterschieden werden. Dabei unterscheidet man zwischen B2B, B2C und C2C Marktplätzen.

C2C Marktplätze ermöglichen den virtuellen Handel zwischen privaten Personen. Beispiele sind hier virtuelle Anzeigenmärkte oder online Auktionshäuser wie Ebay.

Ein B2C Marktplatz unterstützt die Abwicklung von Markt - Transaktionen zwischen Unternehmen (Anbietern) und Konsumenten (Endverbrauchern).

Auf einem B2B Marktplatz sind Anbieter sowie Nachfrager Unternehmen. In diesem Zusammenhang spricht man auch von „E - Procurement" (vgl. [Schröder], S. 2]). Hier wird auf Seiten des Nachfragers versucht durch die Vorteile von EM eine effizientere Beschaffung von Primärbedarfen zu erreichen. Die Anbieter, d.h. die Lieferanten, erhoffen sich durch ihre Präsenz auf B2B Marktplätzen eine bessere Wahrnehmung auf dem Markt. Auf beiden Seiten spielt die Senkung von Transaktionskosten im Vergleich

zum Offline Kontakt eine entscheidende Rolle (siehe Kapitel 1.6). Im Folgenden wird nur diese Form des EM betrachtet.

1.2.2 Typisierung nach Branchen - Bezug

Diese Typisierung unterscheidet zwischen vertikalen und horizontalen Marktplätzen. Vertikale Marktplätze bedienen jeweils nur eine spezifische Branche. Sie sind genau auf eine Branche abgestimmt und unterstützen demzufolge den Handel von branchenspezifischen (Vor-) Produkten. Dabei werden Beschaffungs- und Absatzprozesse integriert, die der direkten Wertschöpfung der teilnehmenden Unternehmen dienen (vgl. [Voigt], S. 40f).

Horizontale Marktplätze sind branchenübergreifend. Hier werden Güter und Dienstleistungen gehandelt, die für alle Branchen mehr oder weniger relevant sind. Beispiel für derartige Handelsobjekte sind Büroartikel und Ersatz- und Verbrauchsteile (vgl. [Rätz], S. 47). Im Vergleich zu vertikalen Marktplätzen werden keine Teile gehandelt, die direkt der Wertschöpfung der Unternehmen dienen, sondern Hilfsstoffe.

1.2.3 Einteilung nach Grad der Offenheit

Einen weiteren Punkt bildet die Unterscheidung nach offenen und geschlossenen Marktplätzen. Der Grad der Offenheit wird anhand der Existenz von Eintritts- und Austrittsbarrieren bestimmt. Ein elektronischer Marktplatz, der eine Mitgliedschaft nur anhand bestimmter Branchenzugehörigkeit, Standort des Unternehmens oder anderen Eigenschaften des Marktteilnehmers zulässt, lässt sich eher als geschlossen klassifizieren (vgl. [Rätz], S.47). Im Gegensatz dazu sind bei offenen elektronischen Marktplätzen diese Barrieren kleiner. Hier ist meistens lediglich eine Registrierung des Nutzers am EM nötig, um teilnehmen zu können.

1.2.4 Art des Marktplatzbetreibers

Im Gegensatz zu Online - Shops und elektronischen Anzeigenblättern entscheidet auf EM allein der Marktplatzbetreiber über die Realisierung einer Transaktion zwischen Anbieter und Nachfrager, d.h. die Koordinationsmacht liegt beim Betreiber (vgl. [Kollman4], S. 133). Jedoch gibt es eine Reihe von Beispielen, bei denen Anbieter bzw. Nachfrager auf EM gleichzeitig auch Betreiber des Marktplatzes sind. So lohnt sich also eine Unterscheidung von Marktplätzen hinsichtlich der Rolle der Eigentümer des EM.

Die klassischen Vertreter stellen jene EM dar, welche von Parteien betrieben werden, die nicht gleichzeitig auch aktive Akteure auf der Plattform sind. Man spricht hier von „drittiniziierten bzw. neutralen Marktsystemen"(vgl. [Rätz], S. 48). Der Marktplatzbetreiber hat also nur vermittelnde Funktionen.

Neuere Formen von EM sind brancheninitiierte und private Marktplätze. Im Beispiel der brancheninitiierten Marktplätze schließen sich Hersteller zu Konsortien zusammen. Durch ihre gemeinsame Marktmacht können sie oft viele Lieferanten und Kunden an den EM binden. Die Betreiber stehen miteinander Wettbewerb, verfolgen aber mit Hilfe der Plattform gemeinsame Interessen. Private Marktplätze werden von einzelnen Unternehmen betrieben, die ihrerseits schon eine starke Stellung am Markt besitzen.

Die Interessen der Initiatoren der beiden zuletzt genannten Betreiberformen unterscheiden sich stark von den Interessen der Betreiber, die nur vermittelnde Funktionen innehaben. Hier geht es vielmehr um den Nutzen der durch den Handel auf der Plattform entsteht als um etwaige Provisionen für die Vermittlung von Transaktionen.

1.3 Koordinationsmechanismen und Preisbildung

Die Preisbildung ist abhängig von der Organisationsform des EM. Es gibt folgende Formen, die die Koordination unterstützen: Schwarze Bretter, Katalogbasierte Systeme, Auktions- basierte Systeme und Börsensysteme (vgl. [Voigt], S. 42ff).

Auf Schwarzen Brettern lassen sich Angebote strukturiert darstellen. Dabei ist eine nutzerspezifische Sortierung der Produkte und Produktgruppen möglich. Diese Organisationsform ist technisch vergleichsweise einfach zu implementieren und verursacht geringe Kosten. Eine automatisierte Preisbildung findet nicht statt, d.h. Anbieter und Nachfrager müssen bei Interesse direkt über den Preis verhandeln. Dieser Punkt sowie die guten Beschreibungsmöglichkeiten der Organisationsform sprechen auch für den Vertrieb von nicht standardisierten Produkten.

Katalogbasierte Systeme ermöglichen eine bessere Integration von Produktkatalogen verschiedener Anbieter. Dazu müssen diese auf ein standardisiertes Format gebracht werden, damit Kunden den Gesamtkatalog nach Produkteigenschaften durchsuchen können. Auch hier findet keine systemunterstützte Preisfindung statt. Diese ist auch nicht notwendig, weil die Angebote bereits feste Preise haben. Der technische Aufwand für die Implementation dieser Marktplatzform ist aufgrund der schwierigen Integration von heterogenen Produktkatalogen hier deutlich höher.

Auktionsbasierte Systeme ermöglichen eine automatisierte Preisbildung. Im B2B Bereich unterscheidet man zwischen kundenseitigen- und lieferantenseitigen Auktionen. Bei letzteren präsentiert der Anbieter seine Produkte auf dem Marktplatz. Das höchste Gebot auf das Angebot erhält den Zuschlag. Bei kundenseitigen Auktionen spricht man auch von Ausschreibungen. In diesem Fall bieten die Lieferanten um den Zuschlag, die Ware liefern zu können oder die Dienstleistung zu erbringen. Dieser Fall kann auch deshalb von großer Bedeutung sein, weil sich so anonyme Transaktionen durchführen lassen. Bei einem Beschaffungsprozess kann sich z.b. das beschaffende Unternehmen einen bietenden Lieferanten aussuchen, ohne dass andere Lieferanten oder Mitbewerber wissen, wer den Zuschlag bekommen hat (vgl. [Voigt], S. 49).

Börsensysteme stellen eine Form von Koordination dar, bei der auch die eigentliche Preisfindung automatisch unterstützt wird. Gehandelt werden gleichartige, standar-disierte Produkte, die „untereinander austauschbar" (vgl. [Voigt], S. 51) sind. Gute Beispiele sind hier Rohstoffe und Lagerkapazitäten. Ähnlich den Auktionen werden Gebote und Gesuche für Produkte abgegeben. Der Unterschied ist aber, dass der Marktplatz alleinig eine Zuordnung von Käufern zu Verkäufern vornimmt. Dies setzt gleichartige Produkte und ein hohes Vertrauen unter den drei Marktparteien voraus. Auch hier wird wieder eine Anonymität erreicht, die dazu führt, dass bestehende Absatz- und Vertriebskanäle nicht gefährdet werden (vgl. [Voigt], S. 49).

1.4 Phasen einer Transaktion

Die Summe aller Aktivitäten, die für das Zustandekommen einer Transaktion über einen elektronischen Marktplatz nötig sind, lässt sich nach ([Voigt], S. 53) in drei Phasen einteilen: Anbahnungsphase, Vereinbarungsphase und Abwicklungsphase. In der

Literatur sind auch andere Bezeichnungen für die Phasen üblich, wie z.B. in ([Fritz], S. 48ff) und ([Kollman3], S.64f); inhaltlich sind sich die Autoren jedoch weitestgehend einig.

In der Anbahnungsphase (vgl. [Voigt], S. 54ff) geht es im Wesentlichen darum, Informationen auszutauschen. Dies beinhaltet Informationen über die Produkte an sich, aber auch Informationen über den Handelspartner. Gleichzeitig sind für beide Seiten zu jedem Zeitpunkt der Transaktionsanbahnung auch Informationen über den gesamten Markt wichtig. Z.B. ist es für Nachfrager interessant, ob es noch andere, ähnliche Angebote zu niedrigeren Preisen am Markt gibt. Eine weitere Klasse verkörpern Informationen, die den Status von Transaktionen beschreiben. Daraus lassen sich auch Erfahrungen mit früheren Geschäften ablesen, die für aktuelle Transaktionen relevant sein könnten. Der Marktplatz hat die Aufgabe, den Handelspartnern möglichst viele dieser genannten Informationstypen auf Wunsch zur Verfügung zu stellen, damit beide Parteien eine gute Entscheidungsgrundlage für eine *Vorauswahl von Handelspartnern* haben.

Nach der Vorauswahl von Handelspartnern, die in Frage kommen, geht es in der Vereinbarungsphase um Details, die nicht aus den Informationen der Anbahnungsphase hervorgehen. Dabei treten Verkäufer und Käufer zum ersten Mal in Kontakt (vgl. [Rätz], S. 97). Im einfachsten Fall unterbreitet der Anbieter dem Nachfrager ein konkretes Angebot, das dieser annehmen oder ablehnen kann. Man spricht in diesem Zusammenhang auch von Abstimmung. Eine Verhandlung liegt vor, wenn beide Parteien ihre Wünsche und Vorstellungen bezüglich des Produkts artikulieren, so dass sich beide Schritt für Schritt annähern um die Punkte eines Kaufvertrages zu bestimmen. Gegenstand von Abstimmungen und Verhandlungen sind die konkreten Produkteigenschaften, der Preis des Produktes und „Vereinbarungen über Zahlungs- und Lieferbedingungen sowie Garantie- und Serviceleistungen" (vgl. [Voigt], S. 65).

Die Rolle des EM in der Vereinbarungsphase fokussiert sich hauptsächlich auf die Preisfindung, die z.B. durch die Möglichkeiten einer Online Auktion realisiert wird. Für die Verhandlung ist jedoch ein direkter Kontakt von Anbieter und Nachfrager notwendig. Software Agenten könnten zwar prinzipiell auch eine Verhandlung führen, diese sind jedoch nicht auf dem Marktplatz installiert, sondern werden von den

Verhandlungsparteien implementiert. Darüber hinaus ist es auch Aufgabe des EM Rahmenbedingungen zu schaffen, damit ein Handelspartner dem anderen vertraut (vgl. [Voigt], S. 66). Hierzu kann z.b. der Marktplatzbetreiber von den Teilnehmern bei der Registrierung verschiedene Qualitätsmerkmale verlangen, die die Seriosität der zukünftigen Marktplatzteilnehmer sicherstellen. Geschlossene Marktplätze eignen sich damit besser als offen gestaltete, an denen Teilnehmer kaum Informationen über sich preisgeben müssen.

Die Abwicklungsphase umfasst den Transfer der Produkte von der Verkäufer- zur Käuferseite (Logistikabwicklung) und im Gegenzug die Bezahlung (Zahlungsabwicklung). Dabei findet ein Austausch von Dokumenten statt; z.B. ist der (online) Versand von Rechnungen, Bestellbestätigungen, Lieferscheinen und evtl. Zollpapieren üblich (vgl. [Voigt], S. 74). Dazu ergeben sich auf Seiten des Nachfragers in Folge der Bestellung betriebliche Aufgaben, die sich an folgenden Punkten festmachen: Bestellüberwachung, Wareneingang, Rechnungsprüfung und Zahlungsabwicklung (vgl. [Wirtz], S. 322). Der Sinn eines elektronischen Marktplatzes besteht darin, diese Aufgaben zu automatisieren. Ein erster Schritt in diese Richtung stellt die Integration der Warenwirtschaftssysteme von Anbietern und Nachfragern mit der Handelsplattform dar. Des Weiteren können auf dem Marktplatz auch Dienstleistungen angeboten werden, die z.B. die Logistikabwicklung eines erworbenen Produkts bieten. So lässt sich theoretisch der gesamte Beschaffungsprozess kapseln, indem das beschaffende Unternehmen so genannte Sekundärtransaktionen in Anspruch nimmt, die lediglich zur Abwicklung der Primärtransaktion dienen (vgl. [Voigt], S. 74ff). Diese zusätzlichen Dienstleistungen können entweder vom Marktplatzbetreiber selbst angeboten werden (Full – Service - Marktplätze (vgl. [Passenb], Folie 12)) oder separat auf dem EM gehandelt werden. Der Einsatz von virtuellen Marktplätzen kann also ein Baustein zur Erreichung eines ganzheitlichen Supply Chain Management (SCM) sein.

1.6 Transaktionskosten – Vergleich von realen und virtuellen Marktplätzen

Die zentralen Vorteile, die ein EM seinen Teilnehmern (im Idealfall) bietet, lassen sich in drei Merkmalen auf den Punkt bringen Die Nachfrager profitieren von einer besseren Markttransparenz, die Anbieter haben die Möglichkeit einen größeren Markt zu

bedienen und beide Seiten erreichen eine Verringerung von Transaktionskosten (vgl. [Kollman3], S. 68). Im Folgenden soll der Aspekt der Transaktionskostensenkung kurz näher beleuchtet werden, ausführlichere Informationen zu diesem Thema finden sich in ([Voigt], S. 59ff), ([Merz], S. 21f), ([Kollman3], S. 68) und ([Kettlitz], S. 5f). Kosten, die für den Marktplatzbetreiber anfallen, bleiben hier außer acht.

In der Anbahnungsphase, die von Kollmann in Wissens- und Absichtsphase unterteilt wird, ergeben sich folgende Kostenpunkte: Der Nachfrager muss relevante Angebote finden und eine Vorauswahl treffen. Im Gegenzug fallen für den Anbieter Kosten für die Präsentation seiner Waren an. Zudem hat er Aufwendungen für das Beantworten von Kundenanfragen und evtl. für Marketingmaßnahmen auf dem EM.

In der Vereinbarungsphase ergeben sich auf beiden Seiten Kosten für die Verhandlung und den Vertragsabschluss. Darüber hinaus ergeben sich je nach Koordinationsform (Auktion, ...) spezifische Kosten. Z.B. sind die Kosten bei Schwarzen Brettern tendenziell höher als bei Auktionen, da dort keine automatische Preisfindung existiert.

Die Abwicklungsphase ist gekennzeichnet durch Kosten, die durch den physischen Transfer von Gütern bzw. dem elektronischen Austausch von virtuellen Informationsprodukten entstehen. Beispiele sind die Wareneingangskontrolle und die Bezahlung. Später können Reklamationen von Produkten und Beanstandungen von Dienstleistungen eine Rolle spielen (After – Sales - Phase).

Zusammenfassend lässt sich sagen, dass die Kosten je nach Form und Automatisierungsgrad der Plattform sehr unterschiedlich sein können. Jedoch ermöglichen die technischen Möglichkeiten im Vergleich zu „Offline-" Handelsprozessen enorme Einsparpotenziale.

2   Dienstleistung als Handelsobjekt

2.1   Eigenschaften von Dienstleistungen

In diesem Kapitel soll noch einmal ein Überblick über die Kerneigenschaften von Dienstleistungen gegeben werden, um an diesen Punkten im nächsten Kapitel die Eignung von Dienstleistungen für den Handel auf einem virtuellen Marktplatz zu bewerten. Genauere Erläuterungen finden sich in ([Corsten3], S. 21ff), ([Bruhn], S. 16) und ([Kleinalt], S. 38).

- Immaterialität
  - o Dienstleistungen sind im Gegensatz zu materiellen Gütern physisch nicht fassbar.
- Individualität der Leistungen
  - o Jede Dienstleistung ist einzigartig und von den persönlichen Wünschen des Kunden abhängig.
- Externer Faktor
  - o Der externe Faktor beschreibt die äußeren Begebenheiten, von denen die Erbringung der Leistung abhängig ist. I. e. S. meint man die Gegenstände oder Personen, an denen die Dienstleistung unmittelbar erbracht wird.
- Ko – Produktion
  - o Ko – Produktion verdeutlicht die intensive Beteiligung des externen Faktors i. e. S. an der Produktion der Dienstleistung.
- Uno – Acto - Prinzip
  - o Das Uno – Acto – Prinzip hebt hervor, dass Produktion und Absatz der Dienstleistung in einem Schritt, d.h. im Gegensatz zu materiellen Produkten, simultan erfolgen.
- Nicht – Lagerfähigkeit
  - o Dienstleistungen können nicht auf Vorrat produziert werden.
- Prozessorientiertheit
  - o Eine Dienstleistung setzt sich aus einer Reihe von Teilschritten zusammen.
- Beurteilung im Nachhinein

o Aufgrund von (ex ante) schwer zu beurteilenden externen Faktoren können auch Kosten und Nutzen der Leistung erst im Nachhinein (ex post) bewertet werden.

- keine Übertragung von Eigentum
    o Im Gegensatz zum Handel von materiellen Produkten findet keine Übertragung von Eigentum statt.

2.2 Allgemeine Aspekte bei der Vermarktung von Dienstleistungen

2.2.1 Unterscheidungsmöglichkeiten von Dienstleistungen

Für diese Arbeit ist besonders die Unterscheidung von Dienstleistungen hinsichtlich der Nähe von Anbieter und Nachfrager wichtig. So gibt es auf der einen Seite Leistungen, die nur in direktem Kontakt der beiden Parteien erbracht werden können. Diese Dienstleistungen nennt man auch Kontaktdienstleistungen. In diesem Zusammenhang spricht man von *örtlicher* Simultanität (vgl. [Dorloff], S. 2). Diese lassen sich ferner in drei Fälle weiter unterteilen. Eine Möglichkeit ist, dass der Nachfrager sich zum Anbieter begeben muss um eine Dienstleistung zu erhalten. Ein einfaches Beispiel im B2B Bereich wäre die Reinigung des Fuhrparks in einer externen Waschanlage. Ein zweiter Fall tritt dann ein, wenn sich der Anbieter der Leistung selbst zum Nachfrager bewegt. Populäre Beispiele sind dabei sämtliche Reparatur- oder Reinigungsdienstleistungen, die im Unternehmen geschehen. Der Dritte Fall beinhaltet einen „neutralen" Treffpunkt, an dem sich Anbieter und Nachfrager treffen um Leistungen auszutauschen. Beispielsweise kann dies ein Vortrag sein, der an einem fremden Veranstaltungsort stattfindet.

Den Gegenpol zu den Kontaktdienstleistungen stellen die so genannten Distanzdienstleistungen dar. In diesem Fall ist keine örtliche Zusammenkunft von Anbieter und Nachfrager gegeben. Während bei Kontaktdienstleistungen per Definition kein Transport von Dienstleistungen möglich ist, ist die Transportfähigkeit hier ein zentraler Punkt. Ein Beispiel verkörpern digitale Leistungen, die durch die Informations- und Kommunikationstechnik auch über weite Entfernungen übermittelt werden können. In diesem Zusammenhang verwendete Begriffe sind E-Services (vgl. [Durante], S. 1ff) und Online-Dienste (vgl. [Merz], S. 45).

2.2.2 Anbahnungsphase

In der Anbahnungsphase geht es auf Seiten des Anbieters zunächst um die Beschreibung der Dienstleistung. Doch hier tritt bereits das erste Problem auf. Die Eigenschaft der Immaterialität erschwert es die Dienstleistung eindeutig zu beschreiben und zu spezifizieren. Im Vergleich zu Sachgütern, die man anfassen und begutachten kann, bleiben Dienstleistungen bis zu ihrer Erbringung abstrakt. Darüber hinaus wird die Beschreibbarkeit durch den Einfluss des externen Faktors (Person oder Sache) erschwert (vgl. [Dorloff], S. 431). Z.B. unterscheidet sich die Reparatur von zwei Drehmaschinen, wenn in der einen der Motor defekt ist und in der anderen die Stromzufuhr beschädigt ist. Die Dienstleistung würde in beiden Fällen mit „Reparaturservice für Drehmaschinen" beschrieben werden können, allerdings ist somit ex-ante keine genaue Spezifizierung der Leistung möglich. Das Dienstleistungsmerkmal der Prozessorientierung erfordert zudem nicht nur eine Beschreibung des Endzustands, z.B. „Maschine repariert", sondern auch den Weg dorthin. D.h. im Beispiel müsste theoretisch noch erwähnt werden, wer die Reparatur zu welcher Zeit an welchem Ort (vor Ort oder beim Dienstleister) vornimmt.

Auf der Seite des Nachfragers steht zunächst die Suche nach geeigneten Dienstleistungen im Vordergrund. In einem weiteren Schritt soll dann eine Vorauswahl getroffen werden um in der Vereinbarungsphase mit den Anbietern in Kontakt zu treten. Wenn man bedenkt, dass die Beschreibbarkeit von Leistungen generell im Vergleich zu Sachgütern eher schwierig ist, so lässt sich folgern, dass Nachfrager in der Anbahnungsphase Probleme haben geeignete Angebote direkt (vor-) auszuwählen. Auch bedingt durch eigene Wünsche und Vorstellungen zur Erbringung der Leistung, erfolgt ein früher, direkter Kontakt mit dem Anbieter. Bei vielen Angeboten, die in der Vorauswahl stehen, müssen nun Details erfragt und auf eigene Bedürfnisse bezüglich der Dienstleistung hingewiesen werden. An dieser Stelle ist der Übergang zur Vereinbarungsphase fließend. Dies führt dazu, dass im Zuge der intensiveren Kommunikation mit dem Anbieter, im Vergleich zum Handel mit Sachgütern, auf beiden Seiten höhere Transaktionskosten entstehen. Hohe Transaktionskosten sind jedoch ein Hemmnis von Handel und beeinflussen somit die Handelbarkeit von Dienstleistungen negativ (vgl. [Dorloff], S. 431).

2.2.3 Vereinbarungsphase

Die Vereinbarungsphase besteht aus der direkten Kommunikation von Anbieter und Nachfrager (siehe oben). Dabei geht es um Fragen des Preises der Dienstleistung, sowie weitere Details bezüglich der Abwicklungsphase, z.b. Zahlung oder Einzelheiten zum Ablauf der Leistungserbringung. Bei einer erfolgreichen Verhandlung steht am Ende ein Vertrag, in dem diese Verhandlungspunkte festgelegt sind. Durch die im Vergleich zu Sachgütern erschwerte Beschreibungsmöglichkeit von Dienstleistungen, ergeben sich im Falle von Kontaktdienstleistungen auch in dieser Phase potenziell höhere Transaktionskosten. Aufgrund des Einflusses des externen Faktors gewinnt die Vereinbarungsphase jedoch an Bedeutung. Der Dienstleistungserbringer muss seine Arbeit individuell an die örtlichen Gegebenheiten bzw. persönlichen Vorstellungen des Nachfragers anpassen. Dies erfordert auch in vorangehenden Verhandlungen einen höheren Kommunikationsaufwand, als dieser bei Sachgütern der Fall wäre. Insofern spielt nicht nur die Immaterialität eine Rolle, sondern auch das Vorhandensein und die Unterschiedlichkeit von verschiedenen externen Faktoren. So kann sich beispielsweise der Anbieter nicht im Vorfeld darauf einstellen, dass er eine Schneidemaschine reparieren soll und sein Angebot in der Anbahnungsphase derart spezifizieren. Er ist angehalten, seine Dienstleistung auf möglichst allgemeine Weise zu beschreiben, da er auf die Ko - Produktion mit dem Leistungsnehmer angewiesen ist. Dieser Umstand erhöht den Kommunikationsaufwand in der Vereinbarungsphase, weil z.B. der Anbieter für die eigene Planung wissen will, welches Baujahr die Schneidemaschine hat. Folglich entstehen auch somit auf beiden Seiten höhere Transaktionskosten, als bei einem Handel von Sachgütern.

Einen weiteren Punkt der Vereinbarungsphase stellt die Preisverhandlung dar. Im Falle von Dienstleistungen spielt folgendes Problem eine Rolle: Der Nutzen und die Kosten einer Dienstleistung lassen sich erst dann genau beziffern, wenn die Dienstleistung bereits erbracht wurde. Bei der Preisfindung zeigt sich dieses Problem besonders. Der Anbieter kennt nicht die genauen Anforderungen, die vor Ort bei der „Produktion" der Dienstleistung anfallen. Er kann somit nur unter Unsicherheit einen Preisvorschlag unterbreiten. Dabei wird er im Vertrag auf eine gewisse Preisspanne bestehen um das eigene Risiko zu minimieren. Der Nachfrager selbst hat ebenfalls Probleme einen angemessenen Preis zu schätzen. Im Beispiel kann der Besitzer der Schneidemaschine schlecht beurteilen, wo genau das Problem besteht und wie hoch die Reparaturkosten

ausfallen. Anbieter und Nachfrager müssen sich daher an Erfahrungen orientieren, die sie mit ähnlichen Dienstleistungen gemacht haben. Es stellt sich somit die Frage, ob Vermarktungsformen wie die Auktion für den Handel von Dienstleistungen geeignet sind.

2.2.4 Abwicklungsphase

In der Abwicklungsphase muss zunächst einmal deutlich zwischen Distanz- und Kontaktdienstleistungen unterschieden werden. Im Gegensatz zu Distanzdienstleistungen kann bei Kontaktdienstleistungen kein Transport der Leistung an sich erfolgen (siehe Kapitel 2.2.1).

Eine Ausprägung von Distanzdienstleistungen stellen elektronische Services dar. In diesem Fall ist die Erstellung der Dienstleistung nicht an einen festen Ort gebunden. Dies hat den Vorteil, dass nur geringe Transaktionskosten anfallen, weil z.b. keine Anfahrtskosten für den Dienstleister und Dienstnehmer entstehen. Ein gutes Beispiel für einen derartigen Service ist eine Dienstleistung zur Erstellung von Branchenanalysen. Hier geht es im Wesentlichen um Informationen. Informationen haben den Vorteil, dass sie (fast) ohne Kosten elektronisch übertragbar sind; hier wirkt sich die Immaterialität von Dienstleistungen positiv aus. Die eigentliche Abwicklungsphase verursacht also im Hinblick des Vertriebs nur minimale Transaktionskosten, während in den anderen Phasen im Vergleich zu Kontaktdienstleistungen kaum Unterschiede bestehen. Betrachtet man Distanzdienstleistungen im Vergleich mit materiellen Gütern, so lässt sich auch hier ein geringeres Aufkommen von Transaktionskosten feststellen. Die Handelbarkeit ist bezogen auf die Phase der Abwicklung also besser. Der Unterschied von entstehenden Kosten in der Abwicklungsphase wird noch deutlicher, wenn man materielle Produkte mit Kontaktdienstleistungen vergleicht.

Die Abwicklung von Kontaktdienstleistungen ist stark abhängig von der Tatsache, dass, aufgrund der Nicht - Transportfähigkeit, Anbieter und Nachfrager sich für die Produktion der Dienstleistung treffen müssen (siehe Kapitel 2.2.1, vgl. [Dorloff], S. 430f). D.h. es entstehen Anfahrtskosten. Folglich sind die Transaktionskosten in der Abwicklungsphase in diesem Fall höher als bei Distanzdienstleistungen und materiellen

Gütern. Der Einfluss der externen Faktoren ist im Vergleich zu Distanzdienstleistungen zudem tendenziell größer.

Dies macht sich auch im Punkt der Nicht - Lagerfähigkeit von Dienstleistungen bemerkbar. Diese führt dazu, dass Dienstleistungen, im Gegensatz zu materiellen Gütern, nicht vorab auf Vorrat vorproduziert werden können. Das heißt im Umkehrschluss, dass sich ein Anbieter nur schlecht auf eine Nachfrageänderung, die den Einfluss eines externen Faktors darstellt, einstellen kann. Wenn z.b. mehrere Nachfrager in kurzer Zeit eine Reparaturdienstleistung anfragen, so kann es unter Umständen vorkommen, dass die Ressourcen des Anbieters nicht ausreichen, um jeden Auftrag annehmen zu können. Dem Anbieter geht somit Umsatz verloren. Im entgegen gesetzten Fall der Nachfrageverringerung entstehen Leerkosten. (Von diesen Problemen sind auch Produzenten von Sachgütern betroffen, allerdings bietet sich hier die Pufferung von Nachfrageschwankungen durch Lagerhaltung an.) Auf der Seite des Nachfragers kann im Fall des Beispiels, wenn der Nachfrager in absehbarer Zeit keinen dienstleistenden Techniker findet, eine Tendenz zur Eigenreparatur für derartige Fälle entstehen. Dieses Unternehmen würde in Zukunft also nicht mehr als Nachfrager einer solchen Dienstleistung in Erscheinung treten. Ferner führt die Eigenschaft der Nicht-Lagerfähigkeit und damit die möglichen Probleme beider Handelspartner indirekt dazu, dass die Handelbarkeit von Kontaktdienstleistungen tendenziell eher geringer ist als bei materiellen Produkten.

Die Abbildung auf der folgenden Seite soll einen zusammenfassenden Überblick über die Zusammenhänge bieten, die in diesem Kapitel angesprochen wurden.

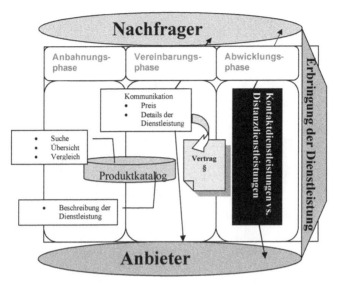

Abb. 1: Übersicht über die Phasen im Zuge des Handelns mit Dienstleistungen, Struktur in Anlehnung an ([Pinci], S. 8)

3 Einfluss der Marktplatz - Typen auf die Handelbarkeit von Dienstleistungen

3.1 Handel von Dienstleistungen auf Schwarzen Brettern

Auf Schwarzen Brettern spielt besonders die Anbahnungsphase eine große Rolle (vgl. [Voigt], S. 45). Automatische Preisverhandlungen und eine Abwicklung der Transaktion werden vom Betreiber nicht angeboten. D.h. die Handelbarkeit von Sachgütern *und* Dienstleistungen erfährt nur hinsichtlich der Funktionen der Anbahnungsphase eine elektronische Unterstützung. Die Funktion der Beschreibung verkörpert hier einen wichtigen Punkt. Auf Schwarzen Brettern bleiben dem Unternehmen, das Dienstleistungen anbietet, i. d. R. große Freiheiten bezüglich der Beschreibung der Leistungen. Das hat den Vorteil, dass Dienstleistungen hinreichend detailliert spezifiziert und erklärt werden können. Ein Nachfrager kann sich somit schon in der Anbahnungsphase ein relativ genaues Bild der angebotenen Leistung machen. Allerdings kann eine Beschreibung auch auf firmeneigenen Webpages möglicherweise sogar noch detaillierter erfolgen, so dass nicht die Beschreibung allein einen Vorteil darstellt.

Eine Schlüsselfunktion von elektronischen Marktplätzen ist ferner die Übersicht über eine Vielzahl von Angeboten, die dazu dient, dass Nachfrager eine bessere Vergleichsmöglichkeit haben. Die Form der Schwarzen Bretter bietet zwar eine derartige Funktion, jedoch ist ein genauer, direkter Vergleich von verschieden Angeboten kaum möglich. Die Dienstleistungen können zwar klassifiziert werden, z.B. in Logistikdienstleistungen oder Reinigungsdienstleistungen, aber ein genauer Vergleich hinsichtlich ihrer Eigenschaften (z.B. Ort, VB-Preis etc.) wird nicht realisiert. Dieser Umstand führt dazu, dass die Handelbarkeit von Dienstleistungen auf Schwarzen Brettern nicht hinreichend unterstützt werden kann. Bei einem großen Angebot haben es Nachfrager schwer, relevante Angebote zu finden und miteinander zu vergleichen.

3.2 Handel von Dienstleistungen auf Katalogbasierten Systemen

Wie Schwarze Bretter, so bieten auch Katalogbasierte Systeme keine automatisierte Preisbildung (siehe Kapitel 1.3). Die Beschreibung von Dienstleistungen mit Hilfe von

Katalogbasierten Systemen unterscheidet sich jedoch von Schwarzen Brettern. Die Angebote auf dem elektronischen Marktplatz lassen sich auf differenziertere Art und Weise präsentieren. So können Produkte nicht nur grob klassifiziert, sondern auch nach Merkmalen des angebotenen Produkts sortiert werden. Z.B. bieten sich bei Dienstleistungen Kriterien wie Zeit, Ort der Leistungserstellung, Name des Dienstleisters und evtl. die (subjektive) Qualität der Dienstleistung an (vgl. [Dorloff], S. 433). Dadurch ergeben sich theoretisch viele Vorteile. Die Produktkataloge von den anbietenden Unternehmen werden zu einem neuen, ganzheitlichen Katalog überführt (vgl. [Voigt], S.45), der dem potenziellen Käufer einen strukturierten Überblick über das gesamte Angebot des Marktplatz bietet. Die Vergleichbarkeit von Angeboten stellt sich somit bei Katalogbasierten Systemen deutlich besser dar, als bei Schwarzen Brettern. Nachfrager können gezielt nach bestimmten Eigenschaften des Produkts suchen und damit schnell zu einem Angebot gelangen, welches den Bedürfnissen am besten entspricht.

Das Problem bei Dienstleistungen besteht jedoch darin, dass die Klassifizierung und die Selektion von Merkmalen, an denen Produkte in den Katalog einsortiert werden, oft sehr schwierig sind. Es ergeben sich bereits bei weniger standardisierten materiellen Produkten erhebliche Probleme. Die Komplexität von Dienstleistungen, die besonders vom externen Faktor abhängt, ist im Allgemeinen zu hoch um verschiedenste Leistungen anhand von einzelnen Merkmalen zu beschreiben und zu vergleichen. In der Praxis ist dieses Problem bisher noch nicht gelöst; die Anzahl der auf elektronischen Marktplätzen gehandelten Dienstleistungen ist bisher noch gering (vgl. [Dorloff], S. 432ff). Die Ursache hierfür ist die generell schlechte Beschreibbarkeit von Dienstleistungen, die sich auch bei der detaillierten Klassifizierung von Katalogbasierten Systemen zeigt. Ein weiterer Punkt ist auch bei dieser Koordinationsform die fehlende Möglichkeit zur automatisierten Preisverhandlung. Ferner ergibt sich hier nur eine eingeschränkte Handelbarkeit von Dienstleistungen.

3.3 Handel von Dienstleistungen auf Auktionsbasierten Systemen

Beim Handel von Dienstleistungen auf Auktionsbasierten Systemen steht weniger die Anbahnungsphase im Vordergrund, als vielmehr die Vereinbarungsphase. In der Anbahnungsphase besteht wieder das Problem der schlechten Beschreibbarkeit von

Dienstleistungen. Dieser Punkt unterscheidet sich nicht von den Eigenschaften der Schwarzen Bretter. Der generelle Vorteil von Auktionsbasierten Systemen besteht in der automatisierten Preisverhandlung. Diese führt zu einem geringeren Bedarf an Kommunikation zwischen den Handelspartnern. Somit lassen sich Transaktionskosten senken.

Hier stellt sich die Frage, ob auch der Handel von Dienstleistungen von diesem Umstand profitieren kann. Dienstleistungen haben die Eigenschaft, dass der Wert erst dann genau beziffert werden kann, wenn die Leistung bereits erbracht ist. Bei exakten Geboten in einer Auktion ergäben sich aufgrund dessen für beide Seiten enorme finanzielle Risiken. Eine derartige Nutzung der Form der Auktion wäre somit unsinnig und nicht realisierbar.

Der horizontale Service Marktplatz „Elance - Online" (vgl. [Elance]), der ein Auktions-basiertes System benutzt, geht einen anderen Weg. Es finden Ausschreibungen statt, bei denen Gesuche für die Inanspruchnahme einer Dienstleistung gelistet werden. Darin beschreiben die Nachfrager der Dienstleistung ihre Anliegen. Bei Elance - Online werden dabei nur Distanzdienstleistungen gehandelt, bei denen die Erbringung der Leistung nicht direkt beim Nachfrager geschehen muss. Meistens handelt es sich um Programmierungs-, Design- oder Modellierungsdienstleistungen, die auch per Internet übermittelt werden können (siehe Kapitel 2.2.1: *Distanzdienstleistungen*). Der Nachfrager kann in seiner Ausschreibung eine Preisspanne angeben, zu der er bereit wäre, eine Dienstleistung in Anspruch zu nehmen. Anbieter einer entsprechenden Dienstleistung haben daraufhin die Möglichkeit, ein Gebot zu platzieren. Für einen Zuschlag zählt jedoch nicht nur die Höhe des Gebots, sondern auch die Beschreibung der Vorstellungen zur Erbringung der Leistung. Darüber hinaus kann die ausschreibende Partei auf Bewertungen von früheren Dienstleistungsnehmern Zugriff nehmen und schließlich den Dienstleister aus der Gebotsliste auswählen.

An diesem Beispiel zeigt sich, dass die Form der Auktion eine Handelbarkeit von Dienstleistungen unterstützen kann. Es sei jedoch angemerkt, dass im Beispiel keine automatische Preisverhandlung realisiert wird. Es erhält nicht derjenige den Zuschlag, der bis zu einem bestimmten Zeitlimit den maximalen, bzw. im Bsp. den minimalen, Preis anbietet, sondern die Entscheidung über die Wahl des Dienstleisters liegt allein

beim Initiator der Auktion. Somit handelt es sich nicht um eine Auktion im engeren Sinn.

3.4 Handel von Dienstleistungen auf Börsenbasierten Systemen

Börsenbasierte Systeme erfordern sehr homogene Produkte, die austauschbar sind (siehe Kapitel 1.3). Es gibt nur wenige materielle Produkte, die sich für einen solchen Handel eignen. Dienstleistungen sind aufgrund der wechselnden externen Faktoren und der verschiedenen Anbieter niemals gleich. Eine Handelbarkeit ist somit auf einem Börsenbasierten System nicht gegeben. Aus diesem Grund bleibt die weitere Betrachtung dieser Koordinationsform im Folgenden aus.

4 Schlussfolgerungen für die Handelbarkeit auf elektronischen Marktplätzen im Allgemeinen

Wie in Kapitel drei gesehen, hängt die Handelbarkeit zum einen von der Art der Dienstleistung und zum anderen vom Koordinationsmodell des Marktplatzes ab. Es wird deutlich, dass die vier Koordinationsmodelle im Dienstleistungshandel vor allem im Bereich der Preisbildung Schwächen besitzen. Allerdings ist dies kein Punkt, der eine Handelbarkeit von Dienstleistungen auf elektronischen Marktplätzen ausschließt. Bei Dienstleistungen ist eine Preisbestimmung auch in der realen Welt oft nur sehr schwer möglich, denn der genaue Wert einer Dienstleistung lässt sich erst im Nachhinein feststellen (siehe Kapitel 2.1). Eine grundsätzliche Stärke von virtuellen Marktplätzen ist die Tatsache, dass der Marktplatz von vielen potenziellen Handelspartnern ohne großen Aufwand und zu jeder Zeit besucht werden kann. Somit steigt für jeden Einzelnen die Chance, ein passendes Angebot bzw. einen interessierten Kunden für eine Dienstleistung zu finden. Darüber hinaus können die Handelsparteien in vielen Fällen anonym bleiben, so dass keine existierenden Handelsbeziehungen tangiert werden.

Diese Punkte der Anbahnungsphase werden von den drei Formen Schwarzes Brett, Katalogbasiertes System und Auktion unterstützt und stellen einen Vorteil im Vergleich zu nicht - virtuellen Handelsformen dar. Die Beschreibbarkeit von Produkten auf einem elektronischen Marktplatz ist gerade beim Handel von Dienstleistungen ein wichtiger Punkt. Die Beschreibung sollte möglichst detailliert auf der Website des Marktplatzes geschehen, da somit weniger weitere direkte Gespräche der Handelspartner stattfinden müssen. Wie im vorangegangen Kapitel beschrieben, bietet die Form des Schwarzen Bretts hier die flexibelsten Möglichkeiten, eine Dienstleistung zu beschreiben. Durch individuelle „Freitexte" gibt es hier wenige Barrieren. Der Nachteil bei dieser Form ist die schlechte Vergleichbarkeit von Angeboten. In Katalogbasierten Systemen wird deshalb eine Beschreibung anhand von bestimmten Kriterien vorgenommen. Dies erhöht im Prinzip zwar die Vergleichbarkeit, jedoch ist es bei Dienstleistungen schwer, sinnvolle Kriterien auszuwählen. Dazu leidet die Beschreibbarkeit, weil durch bestimmte Kriterien nicht alle Informationen über eine komplexe Dienstleistung wiedergegeben werden können. Der Einsatz der Form der Auktion im engeren Sinne bietet sich ferner nicht an, da der eigentliche Vorteil der automatisierten Preisverhandlung bei Dienstleistungen keine große Rolle spielt.

Wenn man für Online Service Marktplätze also die Ziele „gute Beschreibbarkeit" und „gute Vergleichbarkeit" als Kernziele definiert, so müssen andere Koordinationsmodelle als die genannten klassischen Formen entwickelt werden. Einen zentralen Punkt dabei kann eine Standardisierung von Dienstleistungen bieten (vgl. [Dorloff], ‚S. 436). Typische Dienstleistungen *einer* Branche könnten in Teilleistungen zerlegt werden. Bei einer Dienstleistung für die Gestaltung einer Werkshalle könnte z.b. in Phasen wie „Entwurfsplanung", „Genehmigungsplanung" und „Ausführungsplanung" unterschieden werden (vgl. [HOAI]). Die Beschreibung könnte als Kriterien diese Phasen beinhalten. Somit wäre eine detaillierte Beschreibung und vor allem eine gute Vergleichbarkeit von Dienstleistungen auf dem Marktplatz denkbar. Wenn sich eine Branche auf grobe, relative Preise in „%" für die einzelnen Phasen einigt, ist auch eine Beurteilung über die zu erwartenden Kosten seitens des Nachfragers machbar.

Dieser Vorschlag hängt jedoch stark von der Komplexität der Dienstleistungen und der Möglichkeit zur Identifikation von Teilleistungen ab. Je größer der Einfluss der externen Faktoren, desto schwieriger wird eine Standardisierung. Zudem erhöht sich die Schwierigkeit einer technischen Implementierung und damit die Transaktionskosten. Es stellt sich die Frage, ob ein elektronischer Handel bei einem gewissen Grad von Komplexität ökonomisch noch Sinn macht.

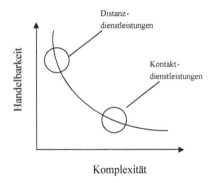

Abb. 2: Die Abhängigkeit der Handelbarkeit von der Komplexität

Im Fall des Online Service Marktplatzes „Elance - Online", erscheint eine Handelbarkeit von Dienstleistungen subjektiv gegeben. Es existieren viele Handelspartner, die wiederholt als Dienstleister in Erscheinung getreten sind. Zudem ist die Anzahl der Angebote für das Nachfragen einer Leistung, an der mehrere Dienstleister interessiert sind, hoch. Der Grund dafür liegt zum einen in der Übersichtlichkeit und dem Vertrauen, das durch Bewertungen auf beiden Seiten der Handelspartner entsteht. Die Voraussetzung für die gute Handelbarkeit auf dem Marktplatz ist jedoch die Beschränkung auf das Angebot von Distanzdienstleistungen. Zudem handelt es sich um kleinere Dienstleistungen, bei denen das Risiko beidseitig gering ist. Die Komplexität der gehandelten Dienstleistungen hält sich in Grenzen.

Zum Abschluss lässt sich sagen, dass der Handel von Dienstleistungen auf elektronischen Marktplätzen nicht trivial ist. Das Produkt der Dienstleistung erfordert aufgrund von Eigenschaften wie Immaterialität, Ko - Produktion etc. eine andere Vermarktung als materielle Güter. Trotzdem können Online Service Marktplätze dafür sorgen, dass Transaktionskosten eingespart werden. Damit sind sie gegenüber realen Märkten im Vorteil.

- Je eher die zu handelnden Dienstleistungen den Distanzdienstleistungen zurechenbar sind, desto besser stehen die Erfolgsaussichten für den Marktplatz.
- Je besser die technische Implementierung von Funktionen zur Schaffung von Übersichtlichkeit, Beschreibbarkeit und Vergleichbarkeit von Dienstleistungen, desto größer sind die Chancen für den erfolgreichen Handel auf virtuellen Marktplätzen.

Literaturliste

Bücher:

[Bieberach]   Bieberach, F., Hermann, M.: Die Substitution von Dienstleistungen durch Informationsprodukte auf elektronischen Märkten, erschienen in: Scheer, A.: Electronic Business Engineering, 1999

[Bruhn]   Bruhn, M.: Meffert, H.: Dienstleistungsmanagement als unternehmerische Herausforderung, erschienen in: Meffert, H., Bruhn, M.: Handbuch Dienstleistungsmanagement, 2001

[Corsten1]   Corsten, H.: Ansatzpunkte für ein integratives Dienstleistungsmanagement, erschienen in: Meffert, H., Bruhn, M.: Handbuch Dienstleistungsmanagement, 2001

[Corsten2]   Corsten, H.: Betriebswirtschaftslehre der Dienstleistungsunternehmen, 1988

[Corsten3]   Corsten, H.: Dienstleistungsmanagement, 1997

[Fritz]   Fritz, W.: Internet-Marketing und Electronic Commerce, 2. Auflage, 2001

[Hummel]   Hummel, M.: Der Markt für Dienstleistungen, erschienen in: Meffert, H., Bruhn, M.: Handbuch Dienstleistungsmanagement, 2001

[Kleinalt]   Kleinaltenkamp, M.: Begriffsabgrenzungen und Erscheinungsformen von Dienstleistungen, erschienen in: Meffert, H., Bruhn, M.: Handbuch Dienstleistungsmanagement, 2001

[Kollman1]   Kollmann, T. : E-Business-Grundlagen, Vorlesungsskript, 2005

[Kollman2]   Kollmann, T.: E-Venture, 2004

[Kollman3]   Kollmann, T.: Virtuelle Marktplätze, 2001

[Kollman4]   Kollmann, T.: Elektronische Marktplätze, erschienen in Bliemel, F.: E-Commerce, 1999

[Leebaert]   Leebaert, D.: The Future of the Electronic Marcetplace, 1999

[Maleri]   Maleri, R.: Grundlagen der Dienstleistungsproduktion, 1997

[Mattes]   Mattes, F.: Electronic Business-to-Business, 1999

[Merz]   Merz, M.: Elektronische Dienstemärkte, 1999

[Rätz]   Rätz, D.: Erfolgspotenzial elekronischer B2B-Marktplätze, 2002

[Voigt]   Voigt, K.: Landwehr, S.; Zech, A., Elektronische Marktplätze, 2003

[Zwißler]   Zwißler, S.: Electronic Commerce Electronic Business, 2002

[Wirtz]   Wirtz, B. W.: Electronic Business, 2. Auflage, 2001

Beiträge aus dem Internet:

[Allweyer]   Allweyer, T.: Was bringt die Beschaffung über e-Marketplaces wirklich?,
             http://www.ecin.de/strategie/beschaffung/, letzter Zugriff: 11.5.05

[Bieberach] Bieberbach, F., Hermann, M.: Die Substitution von Dienstleistungen durch
             Informationsprodukte auf elektronischen Märkten,
             http://wi99.iwi.uni-sb.de/teilnehmer/ pdf-files/EF_02_WiB066.pdf,
             letzter Zugriff: 11.5.05

[Bönke]   Bönke, D.: Virtuelle Marktplätze im Informationszeitalter, Conference
             about Electronic Business", Fachhochschule Reutlingen 2000, In:
             Proceedings des Forum Wirtschaftsinformatik 2000, Electronic Business,
             Fachhochschule Reutlingen 2000

[Buchholz]   Buchholz, W.: Netsourcing Business Models, http://www.competence-
             site.de/emarktplaetze.nsf/19C09606731E33F3C1256A4F0048F8C7/$File/te
             xt_buchholz_eic-partner.pdf, letzter Zugriff: 11.5.05

[Durante]   Durante, A., Bell, D., Goldstein, L., Gustafson, J., Kuno, H.: A Model for
             the E-Service Marketplace, www.hpl.hp.com/techreports/2000/HPL-2000-
             17.pdf,
             letzter Zugriff: 11.5.05

[E-Busin]   E-business-watch: Case study: B2B e-marketplaces in the business service
             sector, www.ebusiness-watch.org/resources/
             documents/CS_SR09_BusServ_4-E-Marketplaces.pdf , letzter Zugriff:
             11.5.05

[Elance]   Elance-Online, Praxisbeispiel eines Online Service Marktplatzes,
             www.elance.com, letzter Zugriff: 13.06.05

[Esswein]   Esswein, W., Zumpe, S.: Einsatz des Wissensmanagements zur
             Lieferantenanbindung an Virtuelle Marktplätze,
             www.bitkom.org/files/documents/ F1_02_ProfEssweinZumpe_Vortrag.pdf,
             letzter Zugriff: 11.5.05

[Dorloff]   Dorloff, F.D., Leukel, J., Schmitz, V.: Handelbarkeit von Dienstleistungen,
             auf elektronischen Märkten, http://www.bli.uni-
             essen.de/english/publications/2003_5PBFT_DorloffLeukelSchmitz.pdf,
             letzter Zugriff: 06.06.05

[HOAI]   HOAI, Honorarordnung für Architekten und Ingeneure, Überblick unter:
             http://www.workshop-archiv.de/archiv/beruf/hoai.html , letzter Zugriff:
             13.06.05

[Langner]   Langner, S.: Dienstleistungen im Internet, wie man das Unsichtbare
             verkauft, http://www.marke-
             x.de/deutsch/webmarketing/archiv/dienstleistungen.htm , letzter Zugriff:
             11.5.05

[Passenb]   Passenberg, I.: Supply Chain Integration über elektronische Marktplätze:
              Chancen und Risiken für Betreiber und Teilnehmer,
              http://www.competence-
              site.de/emarktplaetze.nsf/136653A38F8C0E21C1256A7700609520/$File/v
              ortrag_passenberg_pwc.pdf, letzter Zugriff: 11.5.05

[Piccinelli] Piccinelli G., Cesare Stefanelli, C. Morciniec, M., Casassa Mont, M. :
              Policy-based Management for E-Service Delivery,
              www.hpl.hp.com/personal/Marco_Casassa_Mont/
              Documents/Papers/ovua2001.pdf, letzter Zugriff: 11.5.05

[Piccinelli] Piccinelli, G., Mokrushin, L.:Dynamic Service Aggregation in Electronic
              Marketplaces, http://www.hpl.hp.com/techreports/2001/HPL-2001-31.pdf,
              letzter Zugriff: 11.5.05

[Pinci]   Pinci, M.: Virtuelle Marktplätze und Portale, http://portal.wiso.uni-
              erlangen.de/wps/contentServlets/fileServlet?id=174, letzter Zugriff: 11.5.05

[Schön]   Schön, J.: Vom Internet Marktplatz zur Internet Supply Chain,
              http://www.competence-
              site.de/beschaffung.nsf/DA1EFE80562B6C17C1256EA70032CAA0/$File/
              vortrag_schoen_oracle.pdf, letzter Zugriff: 11.5.05

[Schröder]   Schröder, M.: Quo vadis Marktplatz – Von der Einkaufsplattform zum
              Webservice Provider?, http://www.competence-
              site.de/beschaffung.nsf/8F682123EDEA06B4C1256B960054B1DE/$File/f
              achartikel_schroeder.pdf, letzter Zugriff: 11.5.05

[Stender]   Stender, B.:B2B-Marktplätze, Strukturierende Übersicht und konkrete
              Realisierungen, www.stender-online.com/studium/ bwl-
              seminar/b2b_marktplaetze_handout.pdf

[Trastour]   Trastour, D., Bartolini, C., Conzalez-Castillo, J.: A Semantic Web
              Approach to Service Description for Matchmaking of Services,
              www.semanticweb.org/SWWS/program/full/paper52.pdf, letzter Zugriff:
              11.5.05

[Weber]   Weber, C.: Aspekte des Einsatz von UDDI in B2B-Systemen,
              www.old.netobjectdays.org/pdf/02/papers/ws-mik/1342.pdf, letzter Zugriff:
              11.5.05

[Wikipedia]   www.wikipedia.de: Begriff „New Economy",
              http://de.wikipedia.org/wiki/New_Economy

[Kettlitz]   Kettlitz, K.: Märkte im Internet aus ökonomischer Sicht:
              Transaktionskosten, http://www.ecommerce.wiwi.uni-
              frankfurt.de/lehre/00ss/seminarss00/Seminararbeiten/03Kettlitz.pdf, letzter
              Zugriff: 06.06.05

www.ingramcontent.com/pod-product-compliance
Lightning Source LLC
LaVergne TN
LVHW092350060326
832902LV00008B/927